Inhalt

Die Pyramiden von Giseh

Die Pyramiden von Giseh wurden vor etwa 4500 Jahren erbaut. Sie zeugen von einer der großen frühen Hochkulturen.

John Guy

Die Ägypter

Erste Handwerksbetriebe
Bereits vor etwa 6000 Jahren konnten die Menschen in Ägypten und im Zweistromland Erzklumpen aus Gestein herausschmelzen. Daraus fertigten sie Waffen und Geräte. Die Schmiede hier schmelzen Kupfer.

Wer waren die alten Ägypter?

Vor rund 5000 Jahren wurden etwa gleichzeitig an verschiedenen Stellen der Erde die ersten Staaten gegründet und zeitgleich entstanden die ersten Hochkulturen der Menschheit. Unsere Kenntnisse über diese Kulturen sind sehr fundiert, u. a. weil wir uns außer auf Bauwerke, Grabfunde usw. auch auf erste schriftliche Zeugnisse stützen können.

Gemeinsam ist all diesen Hochkulturen, dass sie in fruchtbaren Flusstälern entstanden: im Huang-Ho-Tal in China, im Tal des Indus im heutigen Pakistan, im Zweistromland an Euphrat und Tigris und im Niltal in Ägypten. Mehr als die anderen ist die Kultur des alten Ägypten eine der Grundlagen für die Kulturen Europas.

Töpferkunst
Um 4000 v. Chr. erfanden die Ägypter die Töpferscheibe. Vorher wurden Töpfe und Gefäße von Hand aus nassem Ton geformt und dann getrocknet.

Anfänge der Landwirtschaft

Die ersten Hochkulturen entstanden mit den Anfängen des Ackerbaus. Die Menschen zogen nicht mehr umher, wurden sesshaft und konnten ernten, was sie angebaut hatten. Das jährliche Hochwasser hinterließ eine dicke Schicht fruchtbaren Schwemmlands an den Flussufern. So konnten die alten Ägypter das Ufer des Nils bebauen.

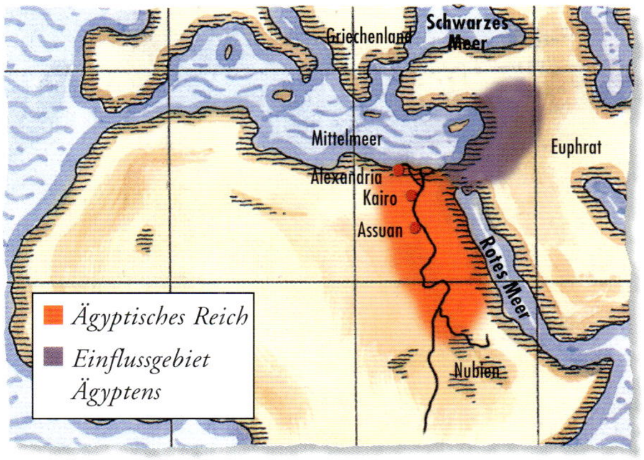

Vereinigung des Reichs

Etwa 3100 v. Chr. wurden die beiden Reichsteile Ober- und Unterägypten unter dem König Menes vereinigt, der die 1. Dynastie begründete. Seit etwa 2600 v. Chr. sprechen wir vom Alten Reich. Während des Neuen Reichs (1551–1070) dehnte sich Ägypten bis nach Nubien im Süden und bis zum Euphrat im Osten aus.

Riesenbauwerke

Die Ägypter bauten Pyramiden als Grabstätten für ihre Könige, die Pharaonen. Kostbare Grabbeigaben wurden dem Pharao für seine letzte Reise in das Leben nach dem Tod mitgegeben. Die große Cheops-Pyramide wurde etwa 2551 v. Chr. in Giseh errichtet. Seit ca. 2150 v. Chr. wurden keine Pyramiden mehr gebaut; die Pharaonen wurden in unterirdischen Grabkammern im Felsen beigesetzt.

Symbol des Lebens

Dieses Opfergefäß hat die Form eines **ankh**, des Symbols für Leben. Nur die Götter, der Pharao und seine Gemahlin durften es tragen.

Erste Schriften

Die älteste bekannte Schrift, eine einfache Bilderschrift, wurde etwa 3200 v. Chr. von den Sumerern im Zweistromland entwickelt. Die Ägypter bedienten sich später einer höher entwickelten Bilderschrift, bei der jedes Zeichen (jede Hieroglyphe) einen Buchstaben oder eine Buchstabenkombination symbolisierte. Es gab etwa 700 einzelne Hieroglyphen.

Das Leben der Reichen

Möbeltischlerei
Holz war Mangelware in Ägypten, aber die Reichen konnten sich teuer eingeführtes Zedern- und Ebenholz leisten. Tischler waren Meister ihrer Kunst, die ihre Werke mit Intarsien und Schnitzereien verzierten.

Es ist schwierig, sich ein vollständiges Bild über das normale Alltagsleben im alten Ägypten zu machen. Was von den alten Kulturen übrig geblieben ist, die großartigen Baudenkmäler oder die Grabbeigaben hochstehender Persönlichkeiten, erzählt uns hauptsächlich nur etwas über das Leben der Reichen bzw. der Regierenden. Die meisten schriftlichen Dokumente des alten Ägypten befassen sich mit Fragen der Regierung und Verwaltung und der Religion.

Obwohl wir aus Bild- und Sachquellen einen Eindruck von der hohen Stufe der ägyptischen Kultur gewinnen können, lässt sich über das Alltagsleben der Ägypter oft nur spekulieren. Von den Reichen und Vornehmen wissen wir, dass sie ein Leben in Wohlstand und Luxus führten. Bequemlichkeit und Hygiene waren groß geschrieben. Familienbande und Familienleben genossen hohes Ansehen. Die niedrigen Tätigkeiten im Haushalt wurden meist von Dienern oder Sklaven verrichtet.

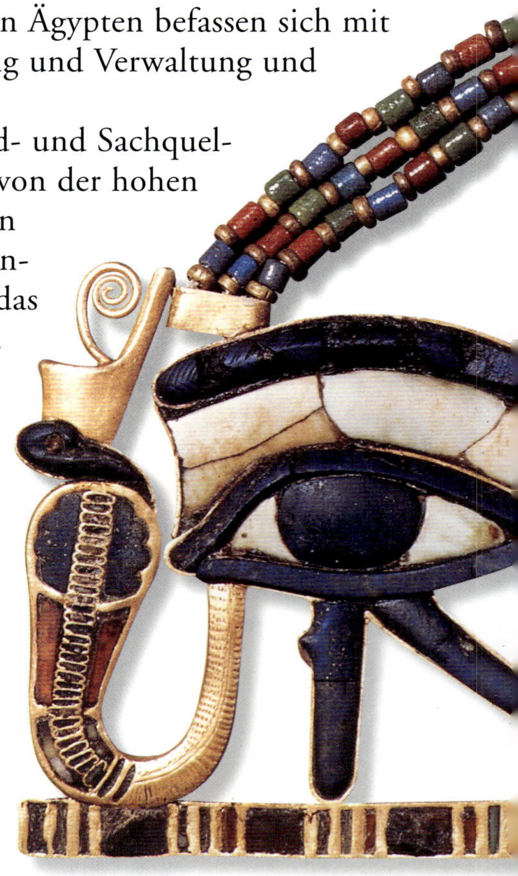

Buntes Glas
Glasbläserei und Emaillierkunst waren den Ägyptern bekannt. Auch ihr weißes Porzellan hatte eine ähnlich hohe Qualität wie das der Chinesen. Die Häuser der Reichen waren mit künstlerisch hochwertigen Gegenständen geschmückt – wie diesem wunderbaren Parfumfläschchen in Fischform.

Prächtiger Schmuck

Ägyptische Schmuckstücke bestechen durch ihr originelles Design. Goldschmiede schmiedeten dünne Metallstreifen zu wunderbaren Formen. Meist wurden getriebenes oder geschmolzenes Gold und kostbare Edelsteine (z. B. Türkis und Amethyst) verwendet. Ergänzt wurden sie durch glasierte Ton- und bunte Glasperlen, die für die Ägypter ähnlich wertvoll wie Edelsteine waren.

Schminke und Perücke

Die meisten Ägypter legten Wert auf ihr Äußeres. Die Vornehmen konnten sich kostbare Materialien leisten. Männer und Frauen trugen die Haare kurz, darüber aber geschmückte, zu Zöpfchen geflochtene Perücken. Je reicher ihr Träger, desto kostbarer die Perücke, wie diese hier mit edelsteinverziertem goldenem Stirnreif. Beide Geschlechter waren geschminkt, vor allem an den Augen.

Geräumige Häuser

Die Reichen bewohnten große, häufig zweistöckige Häuser aus Ziegelsteinen, die mit weißem Gips verputzt waren. Zum Schutz vor Feuchtigkeit standen sie oft auf erhöhtem Grund (wie auf diesem Papyrus gezeigt). Manche waren von kleinen schattigen Gärten mit Zierteich umgeben. Die Innenwände waren mit Fresken und Wandmalereien verziert.

Bequemes Leben

Die Häuser waren einfach, aber bequem ausgestattet, wobei großer Wert auf teure importierte Materialien gelegt wurde. Die Möbel waren meist fein geschwungen und hatten z. B. Löwenfüße an Tischen und Stühlen. Betten hatten gefüllte Matratzen, Fuß- und Nackenstützen (Abbildung) und die Liegefläche konnte verstellt werden.

Zeitlose Szene
Über 90 Prozent Ägyptens besteht aus Wüste. Nur die schmalen Schwemmlandstreifen an beiden Ufern des Nils lassen eine landwirtschaftliche Nutzung zu. Dieses Foto zeigt eine zeitlose Szene: Landwirtschaftliche Geräte und Methoden haben sich seit Jahrtausenden fast nicht geändert.

Das Leben der Armen

Das Leben der Armen in Ägypten war zwar hart, aber verglichen mit anderen Gesellschaften besaßen sie einen relativ hohen Lebensstandard. Wenn sie nicht auf den Feldern beschäftigt waren, setzte man sie bei den Riesenbauprojekten des Pharaos als Bauarbeiter ein. Sie wurden meist gut behandelt. Auch bei ihnen spielte ein stabiles Familienleben eine große Rolle. Ältere Familienmitglieder wurden mit Achtung behandelt. Jugendliche gab man häufig zu reichen Familien in Dienst. Die Häuser der Armen waren Ziegelbauten aus getrocknetem, mit Stroh versetztem Schlamm. Sie waren geräumig, meist zweistöckig und hatten flache Dächer mit Windfangöffnungen.

Transportmöglichkeiten
Nur wenige Arme konnten sich Wagen, Pferde oder Kamele zum Transport von Menschen und Waren leisten. Transporte waren wegen der Primitivität der Straßen ohnehin schwierig. Die meisten Reisen gingen nur bis zum nächsten Markt. Die Lasttiere der Armen waren meist Esel, dies ist in abgelegenen Gegenden auch heute noch so.

Einfache Behausung
Dieses Tonmodell zeigt das typische Haus einfacher Ägypter mit rundem Türbogen und kleinen Fenstern, um die Hitze fern zu halten. Solche Modelle wurden einfachen Menschen zur »Behausung ihrer Seele« im Jenseits mit ins Grab gegeben.

Viehbesitz und Landwirtschaft

Der Reichtum eines Mannes in Ägypten wurde an seinem Viehbestand gemessen, an Ziegen, Gänsen und vor allem Rindern. Schreiber hielten diese Zahlen, die als Grundlage für Steuerabgaben dienten, fest. Saat- und Erntezeiten hingen, wie übrigens noch bis zur Fertigstellung des Assuanhochdamms 1970, von den jährlichen Nilüberschwemmungen ab, die vier Monate dauerten. Damit auch weiter entfernte und höher gelegene Gebiete bebaut werden konnten, wurden Bewässerungsgräben gezogen und Schöpfräder installiert.

Schwerstarbeit
Diese Wandmalerei aus dem Grab des Sennudem in Theben ist etwa 3200 Jahre alt: Ein Ochse zieht einen hölzernen Hakenpflug, den ein Mensch in den Boden drückt. Mit der Papyruspeitsche werden die Fliegen verscheucht und der Ochse angetrieben.

Sklavenhandel
Die alten Ägypter breiteten ihr Herrschaftsgebiet zwar zeitweise bis nach Nubien (dem heutigen Sudan) und ins östliche Mittelmeer aus, aber sie waren kein kriegerisches Volk. Allerdings unternahmen sie Raubzüge nach Nubien, Äthiopien oder in den Libanon zur Gewinnung von Sklaven. Manche Sklaven dienten in vornehmen Haushalten, aber die meisten wurden beim Bau der monumentalen Bauwerke des Pharaos eingesetzt.

Erlesene Speisen

Ägypten war das Zentrum der damals bekannten Mittelmeerwelt. Auf viel befahrenen Handelsstraßen wurden exotische Speisen und Gewürze aus Asien importiert. Festmähler waren reich an verschiedenen Fleischsorten, Früchten, Gemüsen und Eiern.

Qualitätswein

Trauben wurden in Ägypten als Obst zum Essen und zur Herstellung von Wein angebaut. Wein war ein Getränk für die Reichen. Häufiger wurde dickflüssiges Gerstenbier aus Glas- oder Tonröhrchen getrunken.

Süßstoff

Zum Süßen der Speisen wurden zerquetschte Früchte, wie Datteln, oder Honig verwendet. Bienen wurden in konisch geformten Stöcken (Bild) gehalten. Man hielt sie für kleine Vögel, nicht für Insekten.

Familienarbeit

Dieser Ausschnitt einer Wandmalerei aus dem Grab des Sennedjem in Theben zeigt ein Ehepaar bei der Feldarbeit. Obwohl der Pharao für Notzeiten riesige Getreidevorräte anlegen ließ, sorgte doch jede Familie für ihre eigene Ernährung. Überschüsse wurden auf dem Markt verkauft.

Essen und Trinken

Die meisten Ägypter konnten sich satt essen, auch wenn es immer wieder Hungerzeiten gab, wenn beispielsweise durch Heuschreckenplagen ganze Ernten vernichtet wurden. Die Anbaumethoden waren – verglichen mit der Höhe des sonstigen Lebensstandards – eher primitiv und die einzelnen Familien produzierten meistens nur für den eigenen Bedarf und legten sich kaum Vorräte an.

Aber der Durchschnittsägypter konnte doch aus einer Vielzahl von Nahrungsmitteln auswählen – verschiedenen Fleisch- und Fischarten, Früchten (Datteln, Feigen, Trauben, Granatäpfeln) und Gemüsen (Zwiebeln, Lauch, Rüben, Knoblauch). Man hielt Geflügel und züchtete Küken.

Wein aus Datteln und Trauben war vor allem bei den Reichen sehr beliebt. Als Ägypten im 7. Jh. n.Chr. von den Arabern erobert wurde, wurde der Islam zur offiziellen Staatsreligion ernannt. Da die Moslems keinen Alkohol trinken, ging die Herstellung von Bier und Wein ab dieser Zeit zurück.

Metzgerhandwerk
Reiche Ägypter hatte verschiedene Fleischsorten zur Auswahl: Lamm, Rind, Geflügel und Wild (wie die Antilope auf dem Bild). Teile der geschlachteten Tiere wurden von den Metzgern als Opfergaben verwendet. Ärmere Leute, die sich kein Fleisch leisten konnten, angelten Fische als Ersatz.

Offenes Herdfeuer
Das Essen wurde in Tonöfen oder auf offenem Kohlenfeuer zubereitet. Aus Angst vor Bränden und um die Wohnräume geruchsfrei zu halten, lag die Küche meist außerhalb des Hauses. Dieser Junge fächelt die Flammen an, bevor er die Ente (in der anderen Hand) aufsetzt.

Bäckerhandwerk
Gersten- und Weizenbrot war ein Grundnahrungsmittel in Ägypten. Da das Getreide nur grob gemahlen war, nahmen die Ägypter auch viele unverdauliche Ballaststoffe zu sich. Brotlaibe wurden in flachen, runden Formen gebacken. Bäcker buken auch Früchtekuchen aus Feigen und Datteln.

Sport
Das Relief mit den zwei Boxern stammt vom Tempel Ramses' III. Ägypter liebten Bewegung. Weitere Sportarten waren Ringen, Turnen und Turniere, bei denen sich zwei Mannschaften mit langen Stangen gegenseitig vom Boot zu stoßen versuchten.

Freizeitvergnügen

Ein Gradmesser für die Höhe des Lebensstandards einer Epoche ist die Menge an Freizeit, die den Menschen zur Verfügung steht, und die Art und Weise, wie diese genutzt wird. Arme Gesellschaften sind gewöhnlich zu sehr mit den Nöten des täglichen Überlebens beschäftigt und haben weder Zeit noch Muße, um sich irgendwelchen Hobbys oder Spielen zu widmen.
Nach diesem Kriterium muss es den meisten Menschen während der 13. bis 19. Dynastie des Neuen Reichs (ca. 1550 – 1200 v. Chr.) gut gegangen sein. Das wohl geordnete Staats- und Familienleben der Ägypter ließ Raum für Einzel- und Gesellschaftsspiele.
Keine Spuren fanden sich für öffentliche Theater- oder Zirkusspiele, wie wir sie von den Griechen und Römern kennen.

Zigeuner
Die Zigeuner sind womöglich nicht, wie vielfach angenommen, Nachfahren von Osteuropäern, sondern von Ägyptern, die ihr Land auf der Flucht vor den griechischen Eroberern verließen. Ihre Freizeitbeschäftigungen (Pferderennen, gemeinsame Gesänge und Tänze) waren vielleicht schon im alten Ägypten bekannt.

Exotische Tänzerinnen
Tanz- und Gesangsvorführungen waren bei den Festmählern der Pharaonen und der Reichen sehr beliebt. Dienerinnen führten (auch nackt) Tänze vor, während Jongleure ihre Künste zeigten und Musikanten spielten. Auch religiöse Zeremonien waren häufig von Tänzen begleitet.

Erste Harfe

Die Harfe (links) wurde wahrscheinlich um 3100 v. Chr. in Ägypten erfunden. Es gab kleine, lyraähnliche bis mannshohe Instrumente, wobei der Resonanzkörper meist aus Holz war. Daneben gab es Flöten aus hohlen Schilfstängeln, Zimbeln (Becken) aus Bronze und Tamburine.

Senet

Dieses Senetbrett aus Holz stammt von etwa 1200 v. Chr. Es hat 30 Felder und ein Schubfach für die Spielfiguren.

Brettspiele

Die Ägypter liebten Brettspiele. Das beliebteste war Senet, bei dem zwei Spieler das Reich der Götter zu betreten suchen. Links ist ein Spielbrett auf Papyrus gezeichnet. Andere Spiele, die wir heute besser kennen, sind Backgammon und Schach. Eines der ältesten Spiele war das »Schlangenspiel«, bei dem die Spielfiguren auf einem runden Brett spiralförmig nach innen bis zum Kopf der Schlange gehen.

Familie

In allen Gesellschaftsschichten des alten Ägypten hatte die Familie mit 8 bis 12 Kindern einen hohen Stellenwert. Trotz der Arbeit blieb den Kindern auch viel Zeit zum Spielen. Die Ägypter waren große Erzähler und die ganze Familie versammelte sich um den Vater, wenn er Geschichten von Göttern und Helden erzählte.

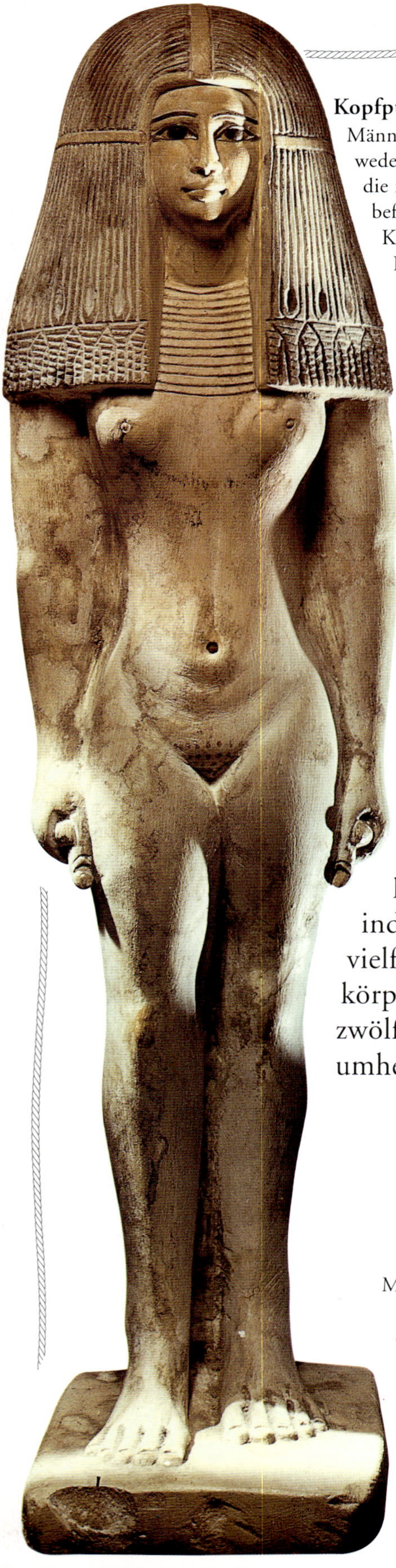

Kopfputz
Männer wie Frauen trugen entweder Perücken aus Echthaar, die mit Bienenwachs am Kopf befestigt wurden, oder einen Kopfputz – entweder eine Kombination von Hüten und steifen Krägen aus kostbaren Materialien oder perückenähnliche, mit Edelsteinen besetzte Hauben. Die Ärmeren trugen bei ihrer Arbeit in der heißen Sonne einfache Käppchen oder Hauben.

Kleidung und Mode

Alle Ägypter liebten farbenfrohen Schmuck und kräftige Schminke, auch die Ärmeren, die sich einfach billigere Materialien leisteten. Sauberkeit und ein gepflegtes Aussehen waren ihnen wichtig und ihr Modebewusstsein war erstaunlich gut entwickelt.

Ägypten lag im Zentrum der Handelsstraßen zwischen Mittelmeer und Orient und neue Waren etwa aus Indien fanden schnellen Absatz. Wegen der Hitze waren die Kleider aus leichten Stoffen und wurden lose getragen. Männer trugen meist nur einen Lendenschurz oder kurzen Rock, Frauen kurze Röcke oder lange Kleider in der Art indischer Saris. Sie gingen vielfach mit nacktem Oberkörper und auch Kinder unter zwölf liefen häufig nackt umher.

Haarmode
Männer und Frauen hatten kurze Haare. Sie trugen Perücken oder verlängerten die Haare künstlich mit hölzernen oder beinernen Haarnadeln. Mit fein gezähnten Kämmen aus Holz oder Elfenbein (Bild) wurden die Perücken kunstvoll hochgesteckt.

Schuhwerk

Dieses Bild zeigt die Herstellung von Papyrus, das vielfache Verwendung fand, u.a. auch für Schuhe. Sie waren gelegentlich auch aus Leder, meist jedoch aus Papyrusschilf. Diese einfachen Sandalen waren leicht ersetzbar und wurden von jedermann, auch von hoch gestellten Persönlichkeiten, gern getragen.

Körperpflege

Kosmetika waren vielfach in Gebrauch und wurden in sorgfältig geschnitzten Behältern (oben) aufbewahrt. Die Cremes wurden aus zerstoßenen (teils giftigen) Mineralien hergestellt. Als Augenschminke nahmen Männer wie Frauen bevorzugt grüne Farbe aus Malachit.

Schmuck

Die ärmeren Menschen trugen Ringe und Ketten aus billigen Metallen und bunt bemaltem Ton. Wer es sich leisten konnte, ließ Gold und Edelsteine aus Asien verarbeiten. Goldschmiede gossen kunstvolle Formen oder schmiedeten sie aus Metallstreifen. Dieses Halsband aus Gold und Lapislazuli (links) und das Brustgehänge mit Skarabäus (rechts) stammen aus dem Grab des Tutanchamun.

Plissiertes Kleid

Frauen trugen lange, lose sitzende Kleider, häufig aus einem Stück plissierten Stoffs. Dieses Oberkleid hier ist etwa 5000 Jahre alt und gilt als das älteste erhaltene Kleidungsstück der Welt.

Kunst und Architektur

Was bei den ägyptischen Bauwerken vielleicht am meisten beeindruckt, ist ihre Größe. Allerdings sind sie zum Teil nicht durch Bauarbeiter errichtet, sondern wurden von Steinmetzen aus riesigen Steinbrocken herausgearbeitet – hier wäre also wohl mehr die Kunstfertigkeit als die Baukunst zu bewundern.

Auf diese Weise sind z. B. die Sphinx von Giseh und viele der Riesenstatuen an Tempelportalen entstanden. Sogar die Cheops-Pyramide ist in ihrem Kern ein riesiger Hügel natürlichen Felsgesteins.

Riesenbauwerke
Die meisten der erhaltenen bedeutenden Kunst- und Bauwerke stammen von Tempel- und Grabbauten. Ihre Monumentalität ist aber nicht repräsentativ für die ganze ägyptische Gesellschaft. Riesenbauten dieses Ausmaßes gibt es sonst nirgends, nicht einmal im alten Rom. Dieser Kopf gehört zur Statue Ramses' II. in Luxor.

Die in Säulen und Tempelwände eingeritzten Bilder erzählen uns viel über den Alltag im alten Ägypten. Sie wirken aber steifer als die naturgetreuen Gesichtszüge der riesigen Statuen, was umso erstaunlicher angesichts deren Größe ist.
Andere Zeugnisse ägyptischer Kunst und Kunstfertigkeit sind Wandmalereien, kleinere Skulpturen, Möbel, Schmuck und Töpferwaren. Diese Dinge gehörten für die Ägypter aber zum Gesamtkunstwerk Leben und wurden nicht als einzelne Kunstwerke betrachtet.

Künstlerische Freiheit
Kunst gehörte zum Leben der Ägypter einfach mit dazu. Kunstwerke erzählen Geschichten und geben die Sicht des Künstlers von der natürlichen Ordnung der Dinge wieder. In begleitenden Texten und Hieroglyphen wird das Werk erläutert.

Tempel von Abu Simbel

In seiner Selbstherrlichkeit ließ Ramses II. die monumentale Baukunst seiner Vorvorgänger wiederbeleben. Überall in Ägypten ließ er riesige Statuen von sich aufstellen. In Abu Simbel, am oberen Lauf des Nil, errichtete er einen eindrucksvollen Tempel für sich und die Gottheiten Amun, Re-Harachte und Ptah. Davor sitzen vier riesige Statuen seiner selbst.

Obelisken

Obelisken sind hohe, vierkantige, nach oben spitz zulaufende Säulen. Sie standen gewöhnlich paarweise vor Tempeleingängen. Eingeritzte Hieroglyphen nennen die Namen des Künstlers und der Gottheit, der der Obelisk geweiht ist. Dieser hier steht neben den riesigen Ramsesstatuen in Luxor.

Tempelbezirk von Karnak

Die Ägypter kannten keine Gewölbe. Ihre Monumentalbauten sind mit flach ansteigenden, sich überlappenden so genannten Kragsteinen gedeckt. Auf dem Foto ist der inzwischen dachlose Tempel von Ramses II. in Karnak zu sehen.

Pyramiden von Giseh

Die Pyramiden von Giseh wurden als Grabstätten für Pharaonen erbaut. Die größte (rechts) wurde ca. 2551 v. Chr. für König Cheops errichtet. Sie ist 147 m hoch und mit ungeheurer Präzision aus etwa 2,4 Mio. behauenen Steinquadern auf einer quadratischen Basis errichtet. Cheops' Mumie wurde zum Schutz vor Grabräubern in einer geheimen Grabkammer zusammen mit kostbaren Beigaben beigesetzt. Trotz geheimer Zugänge und zugeschütteter Gänge wurde das Grab aber entdeckt und ausgeraubt. Der von den Räubern gegrabene Tunnel wird heute als Haupteingang genutzt.

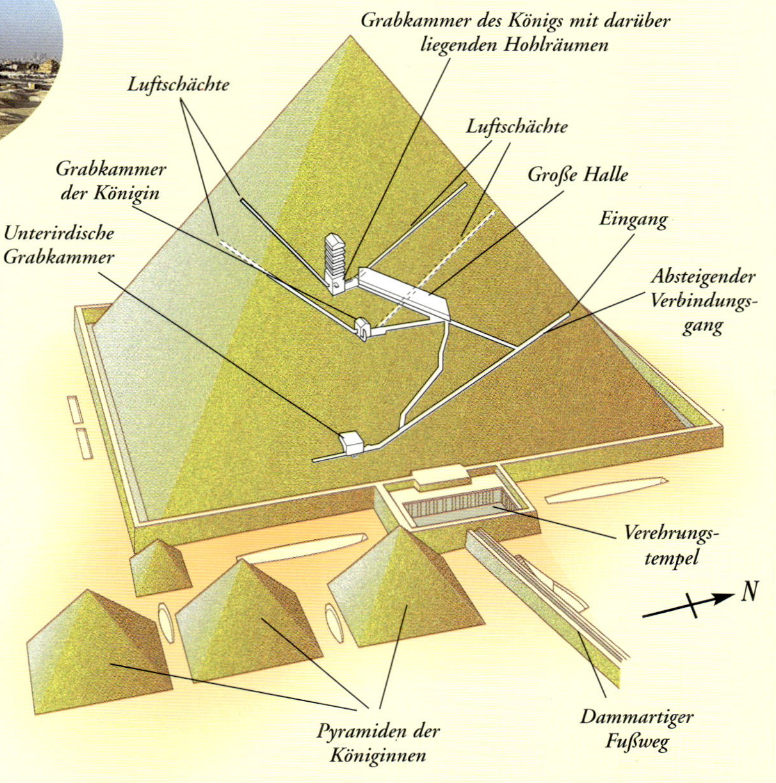

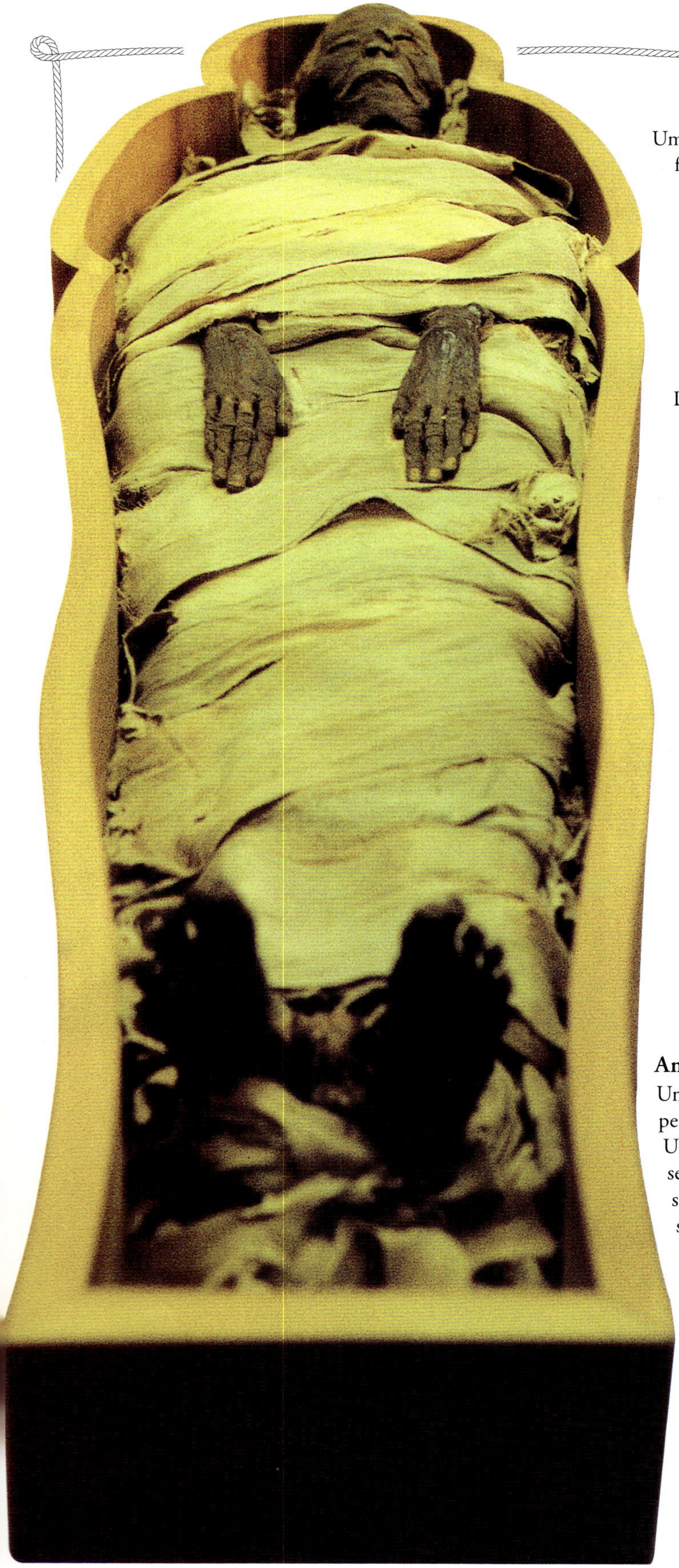

Einbalsamierung

Um den Körper des Toten für die Reise in das Totenreich zu erhalten, wurden außer dem Herzen alle verderblichen Organe entfernt (das Gehirn wurde durch die Nasenlöcher herausgenommen!). Dann wurde der Tote in eine Natronlauge gelegt und mit Stoff und Harz ausgestopft.

Priester als Ärzte

Die alten Ägypter sahen Krankheit zunächst als eine Heimsuchung durch das Böse an. Deshalb suchten die Kranken zur Heilung Priester in Tempeln, wie hier in Edfu, auf. Später wurden auch Ärzte zur Behandlung zugelassen.

Anatomie

Um mehr über das Innenleben des Körpers zu erfahren, waren Ärzte auf die Untersuchung toter Tiere angewiesen. Tote Menschen durften nicht seziert werden, da man glaubte, sie bräuchten ihre Organe noch im Jenseits. Trotzdem waren die Funktion der einzelnen Organe sowie des Gehirns und die zentrale Bedeutung des Herzens für den Kreislauf bekannt.

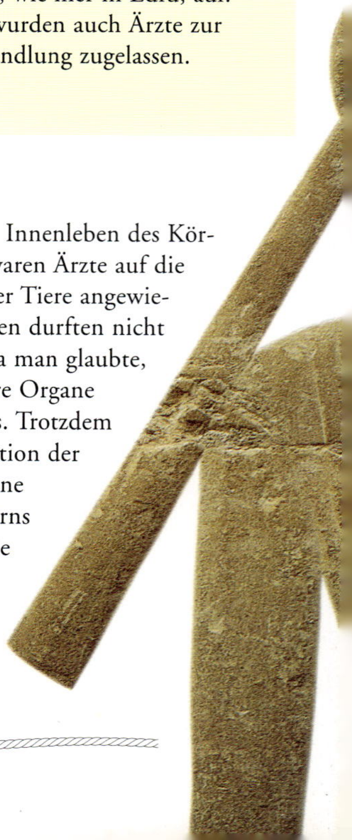

Gesundheit und Heilkunst

Obwohl die alten Ägypter geschickte Ärzte waren und die Anatomie des menschlichen Körpers gut kannten, war medizinische Behandlung doch eine seltsame Mischung aus Wissenschaft und Magie. Zauberer und Ärzte brauten gemeinsam Getränke zur Austreibung der bösen Geister. Manche Krankheiten schrieb man wurmähnlichen Wesen zu, von denen der Körper gereinigt werden musste.
Viele Heilkräuter in Speisen und Medikamenten, wie Knoblauch, sind auch heute noch bekannt. Zauberamulette wurden zum Schutz gegen Krankheiten getragen und den Göttern wurden Votivgaben und Opfer dargebracht. Sogar den Toten wurden Zauberamulette zum Schutz gegen Krankheiten im Totenreich beigegeben. Die Lebenserwartung war hoch, viele Ägypter wurden 80 Jahre und älter.

Zahnärzte
Dieses Relief von ca. 2700 v. Chr. stammt aus dem Grab des Hesire, des obersten königlichen Arztes und Zahnarztes. Von Mumiengebissen weiß man, dass die Ägypter geschickte Zahnärzte gewesen sein müssen. Jeder Arzt war auf einen bestimmten Körperbereich spezialisiert.

Öffentliche Gesundheit
Der griechische Historiker Diodorus Siculus berichtet, dass Arzthonorare vom ägyptischen Staat zur kostenlosen Behandlung der Bevölkerung auf Reisen oder in Kriegszeiten übernommen wurden. Vor allem Priester mussten gesund bleiben und deshalb strenge Reinlichkeitsregeln, wie die völlige Rasur des Kopfes (Bild), einhalten.

Reine Luft
Der Duft der heiligen Lotusblüte sollte gegen Krankheiten immun machen. Die Ägypter wussten um die Heilkraft von Pflanzen, z. B. von Schirling und Mohn, die sie zu Salben und Mundwasser verarbeiteten.

Göttliche Liebe
In Ägypten waren wohl – jedenfalls in königlichen Familien – eheliche Beziehungen zwischen Geschwistern erlaubt. Dem entsprach in der Götterwelt die Ehe zwischen Nut, der Himmelsgöttin, und ihrem Bruder Geb, dem Gott der Erde (Bild).

Liebe und Ehe

Die Lebensweise sowohl der reichen als auch der einfachen Ägypter ließ viel Zeit für Freizeit und Geselligkeit. Ab zwölf Jahren galt man als erwachsen und heiratsfähig. Vor allem Mädchen, denen sonst nicht viele Möglichkeiten offen standen, wurden so früh verheiratet. Sie mussten sich auch um die alten Eltern kümmern, während die Männer in erster Linie die Hauptverantwortung und Sorge für die Frauen und Kinder hatten.

Auch Priestern war die Ehe erlaubt, obwohl sie ihr Leben dem Dienst an den Göttern und dem Pharao widmen mussten. Der Priesterschaft insgesamt waren Erwerb und Besitz großer Ländereien und Reichtümer unter besonders günstigen Bedingungen möglich. Die Söhne von Priestern erbten den Reichtum und die herausragende gesellschaftliche Stellung des Vaters.

Göttin der Fruchtbarkeit
Die ägyptische Göttin der Fruchtbarkeit war Tauaret, gewöhnlich als schwangeres Nilpferd dargestellt, dem während der Schwangerschaft geopfert wurde. Ihre drohende Miene sollte bei der Geburt vor Bösem schützen. Ansonsten galten Nilpferde im alten Ägypten als bösartig, vor allem die Männchen, die als Feinde der Götter Osiris und Horus gesehen wurden.

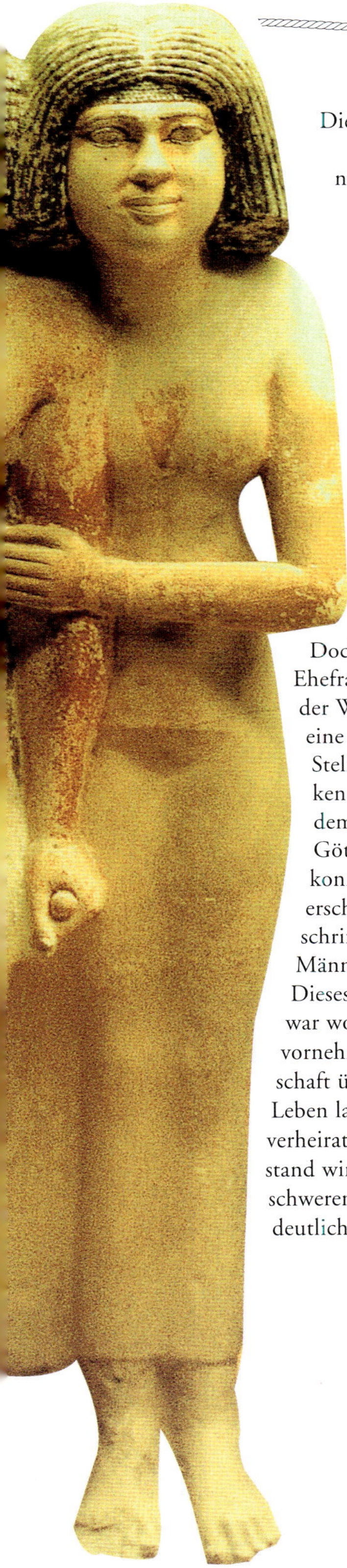

Familientugenden

Die Ägypter legten Wert auf gesellschaftliche Regeln und Sitten. Junge Mädchen vornehmer Herkunft konnten Männer nur in Begleitung anderer Frauen sehen. Ehen wurden um einer finanziell abgesicherten Zukunft willen häufig von den Eltern arrangiert. Vor allem die Eltern von Töchtern, die ja über kein eigenes Einkommen verfügten, wählten einen Ehepartner aus.

Starke Frauen

Die ägyptische Gesellschaft war stark patriarchalisch ausgerichtet. Doch hatten die Ehefrauen bedeutender Würdenträger eine privilegierte Stellung und starken Einfluss. Unter dem Schutz der Göttin Hathor konnten sie bei Hof erscheinen und Bittschriften bei ihren Männern einreichen. Dieses liebende Paar war wohl, wie in der vornehmen Gesellschaft üblich, sein Leben lang miteinander verheiratet. Sein Wohlstand wird durch die schweren Perücken deutlich.

Liebendes Paar

Anders als andere vorderasiatische Kulturen waren die Ägypter weitgehend monogam, obwohl einzelne Würdenträger und Pharaonen wohl auch mehrere Frauen gleichzeitig hatten. Allerdings war es offenbar in allen Volksschichten leicht, sich scheiden zu lassen. Diese Stele stellt ein Paar dar, das gemeinsam im Grab ruhte und vielleicht auf eine gemeinsame Reise in das Totenreich hoffte.

Hochzeitszeremonie

Auf dieser Wandmalerei ist der Nubier Sennufer mit seiner Braut dargestellt. Der Hohepriester besprengt sie mit Weihwasser aus einem Weihegefäß. Bräute trugen häufig Lotusblüten als Glücksbringer im Haar oder wohlriechende Duftkugeln an der kunstvollen Perücke.

Frauen und Kinder

Die ägyptische Gesellschaft war zwar traditionell von Männern beherrscht – nur wenige hohe Ämter standen Frauen offen –, aber für die Stabilität der Familie, der Keimzelle des Staates, waren Frauen unersetzlich. Nur die Reichen konnten sich Dienstboten oder Sklaven für niedrige Arbeiten halten.

In den meisten Familien fielen alle Hausarbeiten (Küche, Putzen, Waschen) sowie die Versorgung der Kinder den Frauen zu. Trotzdem war es gesetzlich nicht verboten, dass Frauen Ärztinnen und, sofern sie von hohem Rang waren, sogar Priesterinnen wurden.

Kinderspiele
Diese geschnitzten Figuren zeigen Kinder mit Holzenten. Sie wurden ähnlich wie Modellboote heute auf das Wasser gesetzt. Viele Spiele von heute gehen auf ägyptischen Ursprung zurück, z. B. Bockspringen, Huckepack und Tauziehen.

Kleopatra
Ab ca. 1000 v. Chr wurde Ägypten immer wieder erobert, u. a. durch die Griechen unter Alexander dem Großen. Kleopatra VII. (Bild oben) stammte von den griechischen Eroberern ab und war die letzte in der langen Reihe der Herrscher Ägyptens. Sie war selbst Herrscherin, nicht königliche Gemahlin. Kleopatra ließ sich auf eine für beide verhängnisvolle Liebesgeschichte mit dem römischen Feldherrn Mark Anton ein. Als ihre gemeinsame Flotte 30 v. Chr. von dessen Schwager Oktavian geschlagen wurde, beging sie Selbstmord. Danach war Ägypten kein eigenes Reich mehr, sondern wurde eine Provinz im Römischen Kaiserreich.

Althergebrachte Tradition
Zwei der herkömmlichen weiblichen Aufgaben waren Herstellung und Pflege von Wäsche und Kleidung. Der haltbarste Stoff war Leinen, gewebt aus Flachsfasern. Webstühle gab es in Ägypten seit etwa 3000 v. Chr.

Königin Nofretete

Königin Nofretete herrschte zusammen mit ihrem Ehemann Echnaton. Zusammen führten sie einen neuen Kult um den Sonnengott Aton ein. Da sie mit vielen Traditionen brachen, waren sie nicht sonderlich beliebt, und nach ihrem Tod wurden ihre Namen aus vielen Inschriften entfernt. Echnatons Sohn Tutanchamun führte um 1333 v. Chr. wieder den alten Götterglauben um Amun-Re ein.

Ernte

Ein Großteil der landwirtschaftlichen Arbeit wurde von Frauen und Kindern verrichtet. Diese Frau pflückt Obst und stillt gleichzeitig ihr Kind.

Kriegsschiff

Im Krieg verwendeten die Ägypter Barken zum Transport von Soldaten und Material. Sie hatten Ruder und bisweilen einen schweren Rammbock am Bug, um feindliche Schiffe zu versenken.

Feine Klingen

Ägyptische Schlachten folgten meist dem gleichen Muster. Als Erstes überschütteten Bogenschützen (häufig von Streitwagen aus) den Feind mit einem Pfeilhagel; dann drängten die Speerwerfer ihn zurück. Wenn die feindlichen Truppen in Auflösung begriffen waren, durchbohrten die Schwert- oder Degenträger die Feinde mit ihren scharfen Kupferklingen, die allerdings zum Schlagen zu weich waren. Die wunderbar verzierten Dolche hier stammen aus Tutanchamuns Grab.

Streitwagen

Das Speichenrad aus Holz wurde vor rund 5000 Jahren von den Sumerern im Zweistromland erfunden. Vorher waren Wagen wie Schlitten gezogen worden. Auf den von Pferden gezogenen zweirädrigen Streitwagen standen ein Lenker und ein Soldat. Von einer Plattform aus griff der Soldat mit Pfeil und Bogen oder Speer an, während der Wagen in die feindlichen Linien raste. Nachdem die Ägypter die sumerischen Streitwagen nachgebaut hatten, waren sie ihren Feinden meist überlegen.

Krieg und Waffen

Um 3100 v. Chr. vereinigte König Menes die beiden ägyptischen Reiche Ober- und Unterägypten, die seit ca. 5000 v. Chr. bestanden hatten, und gründete die erste Dynastie. Das vereinigte Reich blühte auf, blieb aber zunächst noch auf das Niltal beschränkt.
Als reiches Land wurde Ägypten häufig angegriffen und sein Heer beschränkte sich in erster Linie auf die Verteidigung des Landes. Während des Neuen Reichs, seit etwa 1550 v. Chr., begann sich Ägypten aber auszudehnen, nach Nubien im Süden und nach Syrien und Mesopotamien im Nordosten.
Dann zerfiel seine Macht allmählich und seit ca. 500 v. Chr. wurde Ägypten immer wieder erobert und nacheinander in die Reiche der Perser, Griechen, Römer und Araber eingegliedert. Letztere ersetzten die ägyptische Kultur durch die arabische.

Kriegstaktik
Das ägyptische Heer war eine disziplinierte und hoch entwickelte Kampfmaschine. Mit ihren geschlossenen Reihen zu 50 Mann überwältigten die Fußsoldaten die feindlichen Linien. Der Pharao nahm gewöhnlich an der Schlacht teil. Im Bild sieht man Ramses II. beim Sieg über seine Feinde, die Nubier, Libyer und Syrer.

Krieger
Die Standardwaffen im ägyptischen Heer waren Speer und Streitaxt (häufig aus fein gearbeiteter Bronze). Die Rüstung war leicht – sie bestand meist nur aus Helm und einem großen Holzschild zum Schutz vor Pfeilen oder Wurfspeeren.

Schutz der Götter
Vor jedem Feldzug erbaten die Ägypter die Unterstützung der Götter gegen den Feind. Feldzüge waren von aufwendigem Pomp begleitet: Trompeter begleiteten das Heer, auf dem Streitwagen des Pharaos wurden Stangen mit Widderkopf und Sonnensymbol für den Gott Amun-Re mitgeführt. Auch andere Götter begleiteten das Heer, wie z. B. die Statue von Chonsu, dem Gott des Mondes (rechts).

Falschmünzer

Erst mit der Eroberung durch die Perser 525 v. Chr. wurde in Ägypten Münzgeld eingeführt. Von da an wurden jedem Falschmünzer die Hände abgehackt. Die Goldmünze hier stammt aus der Zeit Kleopatras ca. 40 v. Chr.

Verbrechen und Strafe

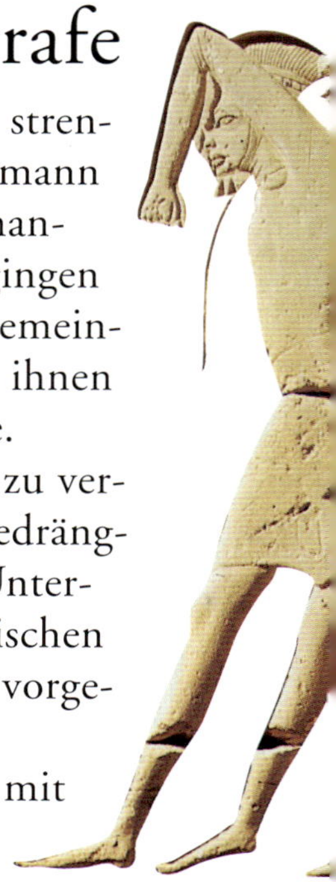

Die ägyptische Gesellschaft war an strenge Gesetze gebunden, die für jedermann galten. Für uns heute erscheinen manche sehr hart, aber die Pharaonen gingen davon aus, dass die Menschen ein Gemeinwesen eher unterstützten, wenn dieses ihnen durch strenge Gesetze Schutz gewährte. Jedermann war verpflichtet, Straftaten zu verhindern oder anzuzeigen und einem Bedrängten zu Hilfe zu eilen. Entsprechende Unterlassungen wurden bestraft. Aus hygienischen Gründen war Beschneidung gesetzlich vorgeschrieben.

Wer sich an einer Frau verging, wurde mit Verstümmelung bestraft. Untreuen Ehefrauen schnitt man die Nase ab, schwangere Frauen wurden erst nach ihrer Niederkunft bestraft. Falschmünzern schlug man die Hände ab und Verrätern wurde die Zunge abgetrennt. Soldaten mussten durch eine heldenhafte Tat Wiedergutmachung leisten.

Allwissender Gott

Für die Ägypter war der Pharao die Verkörperung des habichtköpfigen Himmelsgottes Horus. In seiner Allmacht sorgte er für den Schutz jedes Bürgers. Entkam jemand seiner gerechten Strafe auf Erden, so war nach dem Tod immer noch Gelegenheit zur Bestrafung. Wer rechtmäßig verurteilt, aber nicht bestraft war, dem wurde das Begräbnis verweigert, sodass er nicht in das Leben nach dem Tode eingehen konnte.

Sklavenhandel

Dieses Relief vom Tempel Ramses' III. zeigt Philister, die an Stricken um den Hals in die Gefangenschaft geführt werden. Vor allem im Neuen Reich nach 1550 v. Chr. wurden viele Kriegsgefangene als Sklaven für die großen Bauvorhaben der Pharaonen beschäftigt. Sie überlebten die schwere Arbeit vielfach nicht.

Bürgerpflichten

In Ägypten hatte die gesamte Bevölkerung Pflichten, wie sie bei uns von Polizei und Staatsanwaltschaft ausgeübt werden – sogar die gerichtliche Anklage stand jedermann zu. Zeugen, die ihren Pflichten nicht nachkamen, wurden mit Stöcken gezüchtigt (Bild).

Offenlegung

Jedes Jahr musste jeder Bürger eine schriftliche Erklärung abgeben, aus der hervorging, womit er seinen Unterhalt verdiente – z. B. als Schreiber, Bäcker oder Hirte. Bei Unterlassung wurde eine Gesetzeswidrigkeit unterstellt und die Hinrichtung angedroht.

Diebesehre

Thot war der Gott der Weisheit und Wahrheit. Er konnte den Menschen ins Herz blicken. Hier ist er in Gestalt eines Pavians bei der Ergreifung eines Diebes zu sehen. Seltsamerweise konnten auch Diebe sich in ihrem »Beruf« registrieren lassen. Wurde bei ihnen Diebesgut gefunden, ging es zu 75 Prozent zurück an den Eigentümer, während der Dieb die restlichen 25 Prozent behalten durfte.

Verkehr und Wissenschaft

Die alten Ägypter erfanden viele Dinge, die wir noch heute verwenden, wie z. B. die Töpferscheibe und den Webstuhl. Obwohl Nordafrika damals nicht so trocken war wie heute, gab es Holz jedoch auch damals nie im Überfluss. Aber es gab genügend Stein und Papyrus und so verwendeten die Ägypter diese Stoffe für alles Mögliche.

Papyrus ist ein Schilf, dessen Stängel etwa 3 m hoch werden. Da alle Teile extensiv genutzt wurden, verschwand die Pflanze fast ganz von den Ufern des Nil, sodass sie heute dort wieder künstlich angepflanzt werden musste.

Da die ägyptischen Siedlungen sich das ganze Niltal entlang erstrecken, war das Boot das Hauptverkehrsmittel. Allerdings waren die Boote nicht besonders seetüchtig, sie eigneten sich nur für die ruhigen Gewässer des Nil.

Sänfte

Für den Pharao und andere hohe Würdenträger standen für längere Reisen zweirädrige Wagen oder geschmückte Kutschen bereit. Auf kürzeren Wegen durch die Stadt wurden sie von vier Dienern in Sänften getragen.

Jahreskalender

Ägyptische Priester waren gleichzeitig Astronomen. Durch die Beobachtung der Himmelskörper konnten sie die jährliche Nilschwemme berechnen und vorhersagen. Sie erfanden den Kalender mit 365 Tagen, eingeteilt in 12 Monate zu je 30 Tagen plus fünf Zusatztage – so wie wir ihn (leicht verbessert) noch heute verwenden.

Wagen auf Rädern

Vor etwa 5000 Jahren haben wohl die Sumerer im Zweistromland den ersten Wagen auf Rädern erfunden. Die Idee wurde von den Ägyptern aufgegriffen und weiterentwickelt. Der Wagen hier stammt aus dem 9. Jh. v. Chr.

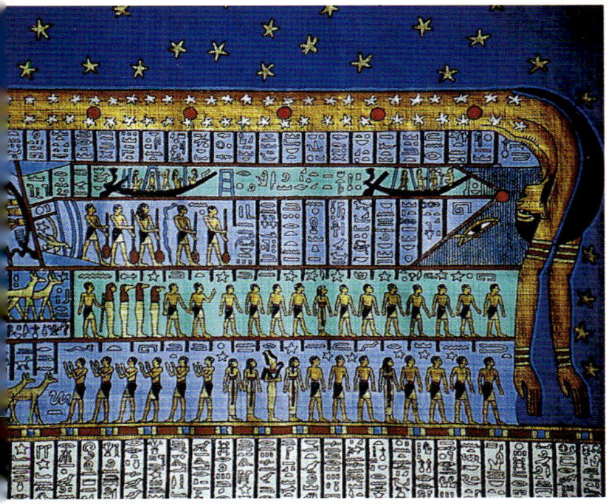

Himmelsgöttin
Aus der Beobachtung des Himmels entwickelten die Ägypter ihre eigene Vorstellung von der Entstehung des Weltalls: Das ursprüngliche Chaos sahen sie als Wasser (Nun). Der Sonnengott Aton entstieg dem Meer als Land (wie Ägypten nach der jährlichen Nilschwemme). Daraus entstanden Luft (Schu), Feuchtigkeit (Tefnut), Erde (Geb) und Himmel (Nut). Wenn Nut einmal am Tag zu ihrem Ehemann Geb herabstieg, wurde es Nacht. Eine Sonnenfinsternis wurde damit erklärt, dass Nut ihren Mann heimlich bei Tag besuchte.

Schilfboote
Viele Boote waren nicht aus Holz, das selten und teuer war, sondern aus dem leicht verfügbaren Papyrusschilf. Mehrere Lagen dicht gebündelter Stängel wurden – ähnlich wie bei Reet-Dächern – an einem Rahmen befestigt. Waren einzelne Lagen beschädigt, konnten sie leicht ersetzt werden. Die Boote wurden als Ruderboote vor allem von Fischern verwendet.

Schreibmaterial
In Streifen geschnittene Papyrusstängel wurden kreuzweise übereinandergelegt und gepresst, bis eine glatte Schreibfläche entstand. Mehrere Papyrusstreifen wurden zu langen Rollen zusammengeklebt. Auch die Schreibwerkzeuge waren aus Papyrusschilfrohr.

Holzkahn
Dieses kleine Holzboot – eine Grabbeigabe – ist ein Modell der Holzkähne, die mit Rudern, Segel und Steuerruder auf dem Nil fuhren.

Thot

Thot galt als der göttliche Geist des Weltalls, der die Menschen Sprache, Schrift, Kunst, Musik, Baukunst, Mathematik und Namensgebung lehrte. Er war auch der Gott des Mondes und wird häufig als Ibis dargestellt, dessen gebogener Schnabel der Mondsichel ähnelt.

Anubis

Anubis, der Gott der Einbalsamierung, wurde als Schakal dargestellt. Schakale besuchten die Friedhöfe (vielleicht, um Leichen zu fressen), wurden aber trotzdem als Beschützer der Toten gesehen. Der Priester hier mit Schakalmaske zelebriert die Zeremonie der »Mundöffnung« bei einem Toten, um ihm für das Leben nach dem Tod seine Sinne wiederzugeben.

Sphinx

Vor den Pyramiden von Giseh steht die Sphinx, eine riesige Steinfigur mit Löwenkörper und Menschenkopf. Sie ist etwa 4500 Jahre alt und aus einem einzigen Felsblock, 36 m lang und 15,5 m hoch, gehauen. Der Kopf war ursprünglich reich verziert. Vielleicht sollte die Sphinx das Pharaonengrab bewachen.

Totenkult

Für die Ägypter war der Tod nur eine Übergangsphase zwischen Leben und Jenseits. Die Körper der Toten wurden durch Einbalsamierung erhalten und die Särge wurden mit Zauberformeln beschrieben. Totenbücher (Bild rechts) wurden dem Toten beigegeben, damit sie ihm den sicheren Weg in die Unterwelt wiesen.

Tempel von Karnak
Mit dem Bau des großartigen Amun-Tempels von Karnak wurde etwa um 1500 v.Chr. begonnen. Säulen und Wände sind mit Lotus- und Papyrusschnitzereien bedeckt, den zwei typischen pflanzlichen Symbolen Ägyptens. Er war dem Gott Amun-Re, dem Beschützer der Pharaonen, gewidmet. »Amun« bedeutet »versteckt« und »Re« Sonnengott. Er galt als der »eine wahre Gott«, der Ursprung aller Dinge.

Die Religion

Die Ägypter hatten Hunderte von verschiedenen Gottheiten, die auf Erden oft in Tiergestalt auftraten. Priester trugen bei Ritualen die Maske des jeweiligen Tieres, um ihre Nähe zur Gottheit für die Gläubigen sichtbarer zu machen.
Es ist nicht leicht, die komplexe Götterwelt der alten Ägypter zu entwirren. Dasselbe Tier symbolisierte nämlich oft in unterschiedlichen Gegenden unterschiedliche Gottheiten. Gleichbleibender Götterkönig war allerdings Amun-Re, der Sonnengott.
In den heiligen Büchern der Bibliotheken wurde viel über das Leben nach dem Tod geschrieben. Die Ägypter glaubten an ein Weiterleben in der Unterwelt, einer Art »Heiligem Land«.
Die Reise dorthin war voller Gefahren. Deshalb wurden die Körper einbalsamiert und den Toten wurden viele praktische Dinge mit ins Grab gegeben. Mithilfe von Zauberformeln konnten sie sich gegen böse Geister unterwegs wehren.

Göttliche Dreieinigkeit
Amun-Re war in einer Person Amun (Vater), Mut (Mutter) und Chonsu (Sohn). Auf Erden traten sie jeweils als Osiris, Isis und Horus auf.

Isis
Hier stillt Isis ihren Sohn Horus. Über Isis und Osiris hielt Thot die Menschen zu einer Lebensweise an, die sich von der der Tiere unterschied. Isis war die Göttin der Fruchtbarkeit, die mit der Erde und dem Kreislauf von Geburt, Tod und Wiedergeburt in Verbindung gebracht wurde. Ihre Heiligtümer wurden meist von Frauen gepflegt. Nach der Eroberung Ägyptens übernahmen die Römer sie in ihre Götterwelt.

Das Erbe der Antike

Es ist fast unglaublich, wie nahe an der modernen Millionenstadt Kairo die Pyramiden von Giseh liegen – Zeugnisse einer der großen alten Hochkulturen. Jede Epoche danach war von der monumentalen Größe der altägyptischen Baukunst tief beeindruckt. Schon die Griechen, und durch sie später die Römer, wurden von der ägyptischen Kultur stark beeinflusst.

Man nimmt an, dass auch die Benennung der Wochentage nach den fünf Planeten (Mars, Merkur, Jupiter, Venus, Saturn) und nach Sonne und Mond aus Ägypten stammt. Im Deutschen wird das nur bei »Sonntag« und »Montag« deutlich, aber in den romanischen Sprachen, die von der Sprache der Römer, dem Lateinischen, abstammen, ist diese Herkunft der Wochentagsnamen noch deutlich.

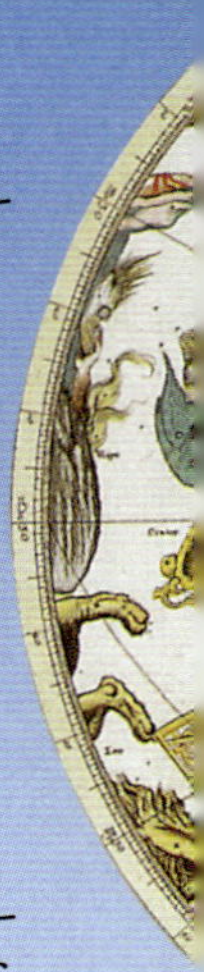

Der Schatz des Tutanchamun

Der Pharao Tutanchamun starb 1344 v. Chr. mit 18 Jahren. Sein Grab wurde erst 1922 von einem Engländer entdeckt und war als einziges der bis jetzt gefundenen Pharaonengräber noch unberührt und nicht geplündert. Die darin enthaltenen Schätze an Schmuck, Kunst- und Gebrauchsgegenständen sind von zutiefst beeindruckender Schönheit und Kunstfertigkeit. Diese Totenmaske besteht aus Gold mit Intarsien aus blauem Lapislazuli. Der Schatz ist in Ausstellungen auf der ganzen Welt gezeigt worden und allein seinetwegen lohnt sich ein Besuch im Ägyptischen Museum in Kairo.

In den Sternen geschrieben

Vor ca. 4500 Jahren führten die ägyptischen Astronomen und Priester die Sternzeichen ein, die wir heute noch kennen. Damals galt neben der Astronomie (Sternkunde) auch die Astrologie (Sterndeutung) als Wissenschaft. Nach jahrhundertelanger Beobachtung der Gestirne teilten die Astronomen den Himmel in zwölf Konstellationen ein, jede davon stand für einen bestimmten Bereich ihres Glaubens.

Einzigartige Baukunst

Die ägyptische Baukunst weist einige Besonderheiten auf, die wir sonst nirgends in Europa finden. Die stärksten Parallelen finden sich bei Bauten der Azteken und Inkas in Mittel- und Südamerika (die übrigens ebenfalls Pyramiden errichteten). Am beeindruckendsten sind die fast fugenlose Zusammensetzung der unregelmäßigen Steinquader und die Säulen, die oben von Kapitellen abgeschlossen werden, welche den Architrav tragen.

Töpferscheibe

Die Töpferscheibe ist vielleicht die dauerhafteste Errungenschaft, die wir von den alten Ägyptern übernommen haben. Sie wurde etwa 4000 v. Chr. erfunden und hat die menschliche Zivilisation nachhaltig verändert: Mit dem simplen Tretmechanismus konnten erstmals hochwertige Gebrauchsgegenstände serienmäßig hergestellt werden.

Schon gewusst ...?

... dass die alten Ägypter als Erste die Aromatherapie einführten? Viele der so genannten »alternativen« Therapien, deren Wirkung heute immer mehr anerkannt wird, haben ihren Ursprung in der Vergangenheit. So wurde etwa die Aromatherapie (der Patient atmet starke Düfte aus Pflanzenextrakten ein) in Ägypten zur Heilung von stressbedingten Muskel- und Atemwegserkrankungen angewandt.

... dass die alten Ägypter womöglich die Ziffer Null in der Mathematik eingeführt haben? Die Mathematiker streiten sich über den Wert der Zahl 0 und die Frage, ob 0 überhaupt eine Zahl ist. Die 0 unterscheidet sich vielfach von anderen Zahlen: Sie spielt keine Rolle beim Zählen; wird sie mit anderen Zahlen multipliziert, ist das Ergebnis immer 0; wird sie an eine Zahl angehängt, verzehnfacht sich diese. Die Ägypter erkannten die Unentbehrlichkeit der Zahl 0 beim Subtrahieren zweier gleicher Beträge voneinander.

... dass die Ägypter die ersten Astronomen waren? Seit jeher beobachteten die Menschen Naturereignisse wie die Jahreszeiten und richteten ihr Leben danach ein. Die Ägypter nutzten darüber hinaus ihre Kenntnis der Mathematik und entdeckten, dass sich bestimmte Naturereignisse (z.B. Sonnenfinsternisse) regelmäßig wiederholten und deshalb genau vorhergesagt werden konnten. So konnten sie auch die jährliche Nilschwemme im Voraus berechnen, da der Stern Sirius unmittelbar vorher am Abendhimmel erschien.

... dass die Gräber der Pharaonen durch einen Fluch geschützt waren? Um die toten Pharaonen und ihre Grabbeigaben für die Reise in die Unterwelt zu schützen, wurden die Gräber mit einem Fluch belegt, der jedem, der sie entweihte, den Tod bringen sollte. Tatsächlich starben einige derjenigen, die bei der Entdeckung des Tutanchamun-Grabes 1922 beteiligt waren, kurz danach; unter ihnen Lord Carnarvon, der die Expedition finanziert hatte und fünf Monate später einem infizierten Moskitobiss erlag. Heute weiß man, dass den Farben der Wandmalereien Gift beigemischt war, das vermutlich dazu beitrug, den Todesfluch zu erfüllen.

... dass die Tempel von Abu Simbel im 20. Jh. neu errichtet wurden? In den 60er-Jahren des 20. Jhs. wurde der Bau eines Hochdamms bei Assuan zur Schaffung eines Wasserspeichers für ganz Ägypten beschlossen. Diesem Projekt wären die Tempel Ramses' II. und Königin Nefertaris in Abu Simbel zum Opfer gefallen. In einer internationalen Sammelaktion wurden ca. 50 Mio. DM gespendet: Die Tempel wurden dann ab- und 230 m weiter wieder aufgebaut.

Die deutsche Bibliothek - CIP Einheitsaufnahme

Die Ägypter / von John Guy. [Aus dem Engl. von Angelika Seifert. Red.: Elke Hesse]. - München: Ars-Ed., 2001
(Wissen der Welt) Einheitssacht.: Egyptian Life <dt.> ISBN 3-7607-4688-8

Aus dem Englischen von: Angelika Seifert
Redaktion: Elke Hesse, Magda-Lia Bloos
Umschlaggestaltung der deutschen Ausgabe: Eva Schindler
First Published in Great Britain by ticktock Publishing Ltd.
Titel der Originalausgabe: »Egyptian Life«

Printed in Hong Kong
ISBN 3-7607-4688-8

Danksagung: Der Verlag bedankt sich bei Graham Rich und Elizabeth Wiggans für ihre Mithilfe.

Bildnachweis: o = oben, u = unten, M = Mitte, l = links, r = rechts, Uv = Umschlag vorne, Uh = Umschlag hinten

AKG: 27or Ancient Art and Architecture: Uv, 4ol, 10ur & Uh, 11or, 17ur, 19ur, 21ur, 20/21Mo, 23ur, 24ol, 30ol & Uh; Ann Ronan at Image Select: 7or, 8o, 8M, 13or, 15M, 16l, 18/19M; Chris Fairclough Colour Library/Image Select: 2/3Mo, 6ul, 14/15Mo, 16Mr; Archiv: 7ul & Uv, 10/11M, 16/17Mo, 22u. & Uh, 28/29Mu; Giraudon: 29or; Image Select: 10ul, 13ul, 14ol, 21M & 32M & Uv, 27Mr, 28M; National Maritime Museum, London: 31ol; PIX: 2ul, 3Ml, 6/7M, 15or & Uv, 15Ml & Uv, 20ol, 20ul, 22ol, 23Mu, 24ul, 28/29Mo, 31or. Spectrum Colour Library: 20ur, 27ur, 31l, 30/31; Werner Forman Archive: 2or, 3Mr, 3ur, 4ul, 5ur, 5or, 5M, 4/5M, 7or, 8l, 8ul, 9or, 9ur, 8/9M, 10ol, 10/11Mo, 11ur, 12ur, 12l, 13ur, 13M, 13Mr, 14ul, 16/17Mu, 17or, 18ol, 18ul, 19M, 19or, 23or, 24/25M, 25o, 25ur, 26ol, 26/27M, 28l, 28r & Uh

Der Verlag hat sich bemüht, alle Rechteinhaber zu ermitteln. Sollte dies in Einzelfällen bedauerlicherweise nicht gelungen sein, wird die fehlende Angabe in der nächsten Auflage ergänzt.

Register